ACTES D'ÉTAT CIVIL

D'ARTISTES

MUSICIENS ET COMÉDIENS

EXTRAITS DES

REGISTRES DE L'HOTEL-DE-VILLE DE PARIS

DÉTRUITS DANS L'INCENDIE DU 24 MAI 1871

PUBLIÉS PAR H. HERLUISON

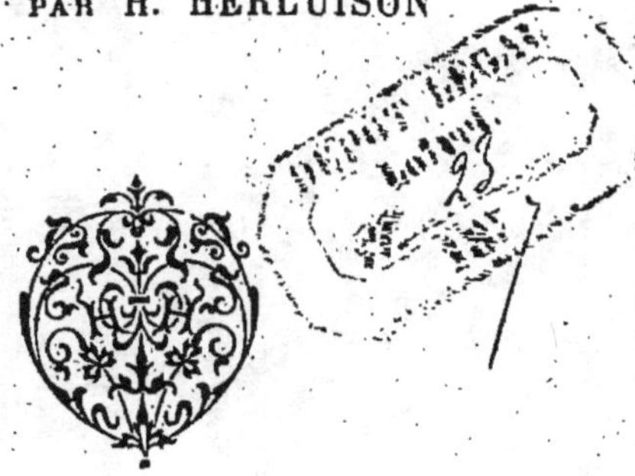

ORLÉANS

H. HERLUISON, LIBRAIRE-ÉDITEUR

17, RUE JEANNE-D'ARC, 17.

—

1876

ACTES D'ÉTAT CIVIL D'ARTISTES

MUSICIENS ET COMÉDIENS

Tiré à cent exemplaires, dont deux sur parchemin.

N°

ACTES D'ÉTAT CIVIL

D'ARTISTES

MUSICIENS ET COMÉDIENS

EXTRAITS DES

REGISTRES DE L'HOTEL-DE-VILLE DE PARIS

DÉTRUITS DANS L'INCENDIE DU 24 MAI 1871

PUBLIÉS PAR H. HERLUISON

ORLÉANS

H. HERLUISON, LIBRAIRE-ÉDITEUR

17, RUE JEANNE-D'ARC, 17

—

1876

AVERTISSEMENT

Voici encore une mince épave tirée des registres de l'état-civil parisien, brûlés en 1871. Ils sont peu nombreux, surtout pour la classe des comédiens, à qui l'Église n'accordait pas la sépulture religieuse.

C'est aux soins de M. H. Harduin que ces relevés sont dus.

Si les actes qui suivent ne sont pas tous inédits, leur ensemble n'en forme pas moins un document intéressant pour la biographie artistique, et servira de complément au livre que nous avons publié en 1873 sous le titre de : *Actes d'état civil d'artistes français : peintres, graveurs, architectes, etc., extraits des registres de l'Hôtel-de-Ville de Paris, détruits dans l'incendie du 24 mai 1871.*

D'autres matériaux de ce genre restent entre nos mains ; nous nous proposons de les publier successivement.

H. H.

ACTES D'ÉTAT CIVIL

D'ARTISTES

MUSICIENS

ASSOLIN (Claude). « Le jeudy 9e avril 1665, convoy et messe de 6 et 4 de feu Messire Claude Assolin, presbtre ordinaire de la musique chez le Roy, chappelain chez la Reyne, chanoine en l'église de Bayeux, pris rue des Poulies et porté à St-Mellon de Pontoise, d'où il estoit chanoine pareillement. J'ai donné 15 s. pour un cierge d'offrande. Reçu 35 liv. pour moy seul. »

(Registres de la paroisse St-Germain-l'Auxerrois.)

AUBINEAU (François). Le 6 novembre 1702, mariage de Pierre Lemonier, me relieur.... Témoins François Aubineau, musicien ordinaire chez le Roy; Guillaume Piget, relieur, demeurant rue Saint-Jacques, de cette paroisse....   (St-Benoît.)

BALARD (Robert). « Le 19 aoust 1650, convoy et enterrement de Catherine Faure, femme de Robert Balard, musicien du Roy. »

(St-Sulpice.)

BALIFRE. « Samedy 14 octobre 1623, convoy et service complet de 26 [prêtres] pour deffuncte Madame Ballifre, vivante fe de Monsieur

Ballifre, maistre de la musique de la chambre du Roy, demeurant rue des Petits-Champs, inhumée en nostre église. »   (St-Eustache.)

Cet acte concerne Louise de Vivonne, première femme de Mathias Balifre.

BANY (Pierre). « Du 2e xbre 1692. Pierre Bany, âgé de 70 ans, me de la musique de la chambre du Roy, décédé hier, rue St-Honoré, en cette paroisse, a été inhumé en cette église. Présens Me Georges Herardin, conr secrétaire du Roy, greffier en chef de la Cour des monnoyes, demeurant hôtel de la Monnoye, paroisse St-Germain; Me George Herardin, chevalier, seigneur des Bordes, demeurant même rue et paroisse. »   (St-Roch.)

BIENVENU (Florent). « Du 10 décembre 1600.... Parin Me Floran Bienvenu, prêtre, chapelain ordinaire et organiste de la Sainte-Chapelle de Paris; la marine Denise Conigue, femme de Jehan le Fer, organiste de St-Eustache. »   (St-Sulpice.)

BLONDEL (Simon). « Le 3e xbre 1672, Symon Blondel, chantre de la chapelle et musique du Roy, 38 ans, décédé d'hier, rue de la Boucherie, a esté led. jour inhumé dans le cimetière, et présents au convoy Mre Estienne du Pont, pbre, coner aumosnier du Roy, et André Boyer, esr, tesmoins. »   (St-Roch.)

BORDIER (Jean). « Le 13e j. de janvier 1609 fut enterré honeste personne Me Jehan Bordier, vivant joueur d'instruments de M. le prince de Conty. »   (St-Sulpice.)

BOUCHER (Nicolas). « Jean-Baptiste, fils de Nicolas Boucher, organiste, et de Magdeleine Fortin, sa femme, fut baptizé le 25e jour de may 1651. Parrein Jean-Baptiste Datte, demeurant chez un banquier; marraine Marguerite Rovonnet, femme de Martial Naujot, barbier estuviste de Son Altesse Royalle. »   (St-Benoit.)

BOURDIN (Pierre). « Le samedy 18e avril 1665, convoy de 20 s. c. de honorable et discrète personne Maistre Pierre Bourdin, prestre, cy-devant ancien maistre de musique et chapelain en l'église royale et collégiale St-Germain-l'Auxerrois, prise au cloistre de la dite église. »   (St-Germ.-l'Aux.)

BROUART (Jean). « Le lundy 13e juillet 1665, convoy de 6 et 4
de Jean Broüart, l'un des 24 violons du Roy, pris chez M. Brouart,
son fils, rue St-Honoré. Reçu 10 liv. »　　　　(St-Germ.-l'Aux.)

CHABANCEAU (Pierre de). « Du vendredy 31 mars 1656, convoy
de 40 s. c. de feu Pierre de Chabanceau, escuyer, sieur de la Barre,
organiste ordinaire de la chapelle de musique du Roy et de la Reyne,
pris rue des Fossés. Reçu 63 liv. 14 s. »　　　　(St-Germ.-l'Aux.)

　« Le mardy 16e (décembre 1659), convoy de 40 s. c. de feue
damoiselle Anne Descouvernont, veufve de feu Pierre de Chabanceau,
escuyer, sieur de la Barre, organiste ordinaire de la chapelle de
musique du Roy et de la Reyne, prise rue des Fossés. Reçu 57 liv.
14 s. »　　　　(St-Germ.-l'Aux.)

CHATILLON (Marin-Siméon). Le 16 août 1707, mariage de
Marin-Siméon Chatillon, organiste.　　　　(St-Benoît.)

CHAUDET (J.-A.). « Le 20 mai 1783 a été baptisé Laurent-Jean,
né d'hier, fils de Jean-Antoine Chaudet, me de musique, et de Catherine Kempe, son épouse.... »　　　　(St-Benoît.)

CHAUSSY (F. de). « Du mardy 1er aoust 1656, convoy de 6 et 4
de François de Chausy, me de la musique du petit coucher du Roy,
pris rue St-Thomas-du-Louvre. »　　　　(St-Germ.-l'Aux.)

Il est dit en 1653, sur les mêmes registres, « conducteur du lit de chasse du Roy. »

CHÉRON (Nicolas et Jean). « Le dimanche 19 mai 1658 a esté
baptisé.... fils de Nicolas Chéron, faiseur d'instruments de musique,
en présence de Jean Chéron (frère de Nicolas) et de Jean Sellier,
tous deux faiseurs d'instruments de musique. »　　　　(St-André-des-Arcs.)

CHERUBINI. « Du mercredi 16 mars 1842, 2h 1/2 de relevée.
Acte de décès de Louis-Charles-Zénobie-Salvador-Marie Cherubini,
membre de l'Institut, commandeur de l'ordre royal de la Légion-
d'Honneur, chevalier de plusieurs autres ordres, ancien directeur du
Conservatoire de musique de Paris et membre de plusieurs Académies
étrangères, âgé de 81 ans 6 mois, né à Florence (Italie), décédé hier,

à 6 heures et quart du soir, en son domicile, rue du faub^g Poissonnière, n° 19, époux de Anne-Cécile Tourette. Les témoins sont Jacques-Fromental Halévy, membre de l'Institut, chevalier de la Légion-d'Honneur, 42 ans, demeurant à Paris, rue de la Rochefoucault, 17, et Désiré-Alexandre Batton, compositeur de musique, 43 ans, demeurant à Paris, rue St-Georges, 28... »   (Reg. du 11e arrond^t.)

CHRESTIEN. « Du mercredy 27 febvrier 1658. Convoy général s. c. de feu Monsieur Chrestien, vivant ordinaire en la musique de la chambre du Roy et de la Reyne, pris rue et vis-à-vis St-Honoré. Reçu 50 liv. »   (St-Germ.-l'Aux.)

CLAIRAMBAULT (Dominique). « Le 25 may 1704. Me Dominique Clairambault, ancien des vingt-quatre des violons du Roy, âgé de 60 ans, décédé le jour précédent, porte St Jacques, de cette paroisse, a esté inhumé au cimetière, en présence de Me Nicolas Clairambault, organiste, son fils.... Clerambault. »   (St-Benoit.)

COGNIET (Denis). « Le lundy 10e jour (novembre 1625), le convoi du noble homme Denis Coignet, ordinaire de la musique de la chambre du Roy, pris devs lautel de la Monnoie. »   (St-Germ.-l'Aux.)

COLIN (Claude). « Jean, fils de Claude Colin, m^{tre} joüeur de luth, et de Jeanne Chasselet, sa femme, fut baptizé le 18e jour de juillet 1651. Parrain Jean Fouenier, m^e d'hôtel de Madame la duchesse d'Esguillon; marraine Marguerite Dannistre, femme d'Estienne Flament, aussi maître faiseur de luths. »   .   (St-Benoit.)

DESLION (Marin). « Marin, fils de Jacque Carouge, facteur d'orgues, et de Magdne Duflos, sa f^e, fut bapt. le 1er mars 1671. Fut par. Marin Deslion, organiste de St-Estienne-du-Mont. »   (St-Benoit.)

DROUIN (Louis). « Louis Droüin, m^e faiseur d'instruments de musique, et Catherine Flamant, fille de feu Jean Flamant, vivant du mesme métier.... furent mariés le 13 avril 1676. »   (St-Benoit.)

ESTIENNE (Sébastien). « Le 9e de juillet 1652, convoy et enter-

rement de Sébastien, aagé de 21 ans, fils de Sébastien Estienne, joueur d'instruments, pris rue de Grence, au Grand-Jardinet. »
(St-Sulpice.)

FONTAINE (Gilles). « Le sixiesme jour (novembre 1665), convoy et enterrement de Gilles Fontaine, joueur d'instruments, pris rue de Bourbon, chez un chandelier. »
(St-Sulpice.)

GABILLART (Pierre). « Jeudy 13e juillet 1628. ...fut parrain Me Pierre Gabillart, chantre ordinaire du Roy. »
(St-Benoit.)

GRIMPEREL (Jacques). « Extrait du registre des baptesmes, faits en l'église paroissiale de St-Eustache, à Paris :

« L'an mil six cent quatre-vingt-six, le huit mars, fut baptisée
« Marie-Madeleine, née d'hier, fille de Me Jacques Robbe, avocat en
« Parlement, et de Catherine Grimperel, sa femme, demts rue du
« Four. Le parein Jacques Grimperel, garde des plaisirs du Roy. La
« mareine Madeleine Robbe, vve de Jean Benoist, vivant bourgeois de
« Soissons. Et ont signé. »

« Collationné à l'original, et délivré par moi, prêtre, docteur en théologie de la Faculté de Paris, vicaire de ladite église. A Paris, ce 9 août 1757. Souvoz. »

Cet extrait se trouve entre nos mains.

HUDOT (Antoine). « Le 8 septembre 1668 a esté baptisé Antoine, fils d'Antoine Hudot, faiseur de luths. »
(St-Benoit.)

LA BORDE (Louis de). « Le 23 octobre 1666 a esté baptisée.... fille de Jacque Carouge, facteur d'orgues. Les parains André Regnier, orfebvre à Paris, et Louys de La Borde, organiste de St-Laurent. »
(St-Benoit.)

LA LONDE (Michel de). « Du 6e j. de may 1722. Dame Anne Rebel, 60 ans, épouse de Mr Michel de La Londe, surintendant de la musique du Roy et me de la chapelle et de la chambre de S. M., décédée hier, rue Ste-Anne, inhumée dans la cave de la chapelle de la Sainte-Vierge, en cette église. Présens M. Jean Féry Rebel, me de musique et compositeur de la chapelle et de la chambre du Roy, son frère aîné.... M. Louis Rebel, directeur des affaires du Roy, aussi son frère. » (St-Roch.)

LE BÉGUE (Nicolas). « Le 8 décembre 1668 a esté baptisée Marie-Gabrielle, fille de Jacques Carouge, facteur d'orgues. Fut parain Nicolas Le Bégue, organiste de Saint-Merry, et.... femme de M. Nivers, organiste de St-Sulpice. » (St-Benoit.)

LE BRET (Jean). « Le mercredy xxe j. d'apvril 1605.... Parrain noble homme Me Jehan Le Bret, me viollon du Roy et me joueur d'instruments à Paris, psse St-Jacques-la-Bie. » (St-Barthélemi.)

LE BRETON. « Le mercredy 1er août (1614). Claude Maugras, décédée hier, à 40 ans, femme de M. Le Breton, me faiseur d'instruments de musique de la chambre du Roy, prise rue de l'Arbre-Sec. » (St-Germ.-l'Aux.)

LE DUC (Pierre). « Le mercredy 1er febvrier 1651, convoy du cœur, service complet, les 4 port., pour feu honorable homme Pierre Le Duc, vivant me faiseur d'instruments, décédé rue St-Honoré, devant la rue des Bourdonnais, porté à St-Germain-le-Vieil. » (St-Eustache.)

LONGCHAMPS (Jacques de). « Du vendredy 30e mars 1657. Convoy de 20 de Maistre Jacques de Longchamp, vivant presbtre et chanoine en la cathédralle de Toul en Lorraine, et ordinaire de la musique du Roy, pris dans le cloître St-Germain-Lauxerrois. Reçu 14 liv. » (St-Germ.-l'Aux.)

LULLY (Jean-Baptiste). « Le 22e j. de mars 1687, Messire Jean-Baptiste de Lully, escuyer, conseiller et secrétaire du Roy, maison et couronne de France, et de ses finances, et surintendant de la musique de Sa Majesté, est décédé en cette paroisse, en sa maison, rue de la Magdeleine, aagé d'environ 55 ans, le corps duq. ayant esté apporté en cette église pour y faire les prières ordinaires. Il a esté ensuite conduit par nous, soussigné, curé.... dans celle des religieux Augustins déchaussés de la place des Victoires, à Paris, où led. sieur déf. avoit choisy sa sépulture par son testament, au convoy duquel ont assisté Messire Louis de Lully fils aisné; Messire Jⁿ-B^{te} de Lully, abbé de Saint-Georges-sur-Loire, second fils; Messire Jean-Louis de Lully, surintendant de la musique du Roy, troisième fils du d. s^r défunt.... »   (Ste-Madeleine-Ville-l'Évêque.)

MAINGOT (Guillaume). « Le 21e juillet 1610, convoy de Mr Guillaume Maingot, organiste de St-Paul, tué le j. précédent de dix coups de poignard sur le parvis de l'église par un serrurier. Service led. jour général. »   (St-Paul.)

MARTIN. « Le 15e j. (may 1608) fut enterré M. Martin, chantre du Roy et de la Royne Margueritte. »   (St-Sulpice.)

OBTERRE (Pierre). « Ledit jour (20 septembre 1665), convoy et enterrement de Pierre Obterre, joueur d'instruments, pris rue Ste-Marguerite, proche la boucherie. »   (St-Sulpice.)

OLIVET (François-Hilaire d'). « Le 20e jour de x^{bre} 1677 a esté fait le convoy, service et enterrement de François-Hilaire d'Olivet, compositeur ordinaire des balets du Roy et académicien de l'Académie royalle de la danse, esleu par Sa Majesté, aagé de 48 ans ou environ, décédé en sa maison, rue des Fossez-St-Germain, le dix-neufviesme jour de ce mois. Et ont assisté audit enterrement Louis-Hilaire d'Olivet, son fils aîné, et Mre Verdier, prestre, amy (qui ont signé). »
                                        (St-Sulpice.)

OLLIVE (Jacques-Hilaire d'). « Le 11 octobre 1634 a esté baptizée... fille de Jacques-Izlaire, dit d'Ollive, m^e joueur d'instruments. La maraine.... femme de Louys Constantin, violon du Roy. »   (St-Benoît.)

PESCHEUR (Nicolas le). « Le treiziesme j. (avril 1606) a esté inhumé un enfant, fils de Nicolas le Pescheur, compositeur d'orgues et organiste de St-Sulpice. »   (St-Sulpice.)

« Le 1er x^{bre} 1609 fut bapt. Marie, fille de Nicolas le Pescheux, m^e facteur d'orgues.... »   (St-Sulpice.)

« Le xxvi aoust 1698 a esté baptizé Adrian, filz de honorable homme Nicollas Pescheur, facteur d'orgues, et de Katerine Henry, sa femme. Les parrains Adrian le Viel, marchand bourgeois de Paris, et Marc Cherrier, aussy marchand bourgeois de Paris; la marraine damoiselle Anne Guibert, fille de deffunt M. Claude Guibert, avocat en la cour de Parlement de Paris. »   (St-Sulpice.)

PETITJEAN (Jacques). « Le second j. de juin (1696) a esté bapt. Charles, fils de Charles Petitjean, compagnon paulmier, et de Marie Poesleau, sa femme. Les parins Jacques Petitjean, organiste de Nostre-Dame de Paris, et Sébastien Govard, m⁰ paulmier; la marine Barbe Lefebure, f⁰ de Didier Lefebure. »   (St-Sulpice.)

PHILIDOR. « Le 12 aoust 1700, Françoise Marchand, fille de Louis Marchand, organiste de Saint-Benoit, est maraine au nom de Marguerite Monginot, épouse de M. Philidor, ordinaire de la musique du Roy. »   (St-Benoît.)

Philidor, veuf de Marguerite Monginot, épousa en secondes noces Élisabeth Leroy. Cette union donna naissance à l'auteur de l'*Analyse du jeu des échecs*.

POTHENOT (Edme). « Le samedy 8ᵉ septembre 1674 fut inhumé en l'église Maistre Edme Potenot, prestre clerc de la chapelle et oratoire du Roy, et musicien ordinaire de Sa Maiesté, chanoine de Chasteauvilain, aagé de 82 ans, décédé cette nuit, à une heure, pris rue St-Honoré.... Nicolas Pothenot, N. Pothenot. »   (St-Germ.-l'Aux.)

POUPUSSE (Pierre). « Aujourd'huy 20ᵉ j. de novembre 1670 a esté inhumé le corps de défunt Antoine-Pierre Poupusse, décédé le 19ᵉ du mois, maistre inventeur d'instruments et machine qui joue toute seule, auquel enterrement ont assisté Gaspar Poupusse, frère du défunt, aussy maistre inventeur d'instruments, et Corneille de Hansy, m⁰ joualié suivant la cour.... 35 ans environ. »   (Sts-Pères protestants.)

REGNAULT (Jacques). « Le 29 d'aoust (1609) fut enterré au cimetière de St-Sulpice M⁰ Jacques Regnault, vivant chappelain de la roine Marguerite et m⁰ ès arts de musique. »   (St-Benoît.)

RHIEL (A.). « Le jeudy 21 mars 1658. Convoy de 40, s. c., de feu honneste personne Antoine Rhiel, organiste de l'église St-Cosme, pris rue St-Honoré. Reçu 54 liv. 10 s. »　　　　　　(St-Germ.-l'Aux.)

RICHARD (François). « Du samedy 22e octobre 1650. Convoy de 52, service complet, les 4 porteurs, pour feu François Richard, vivant gentilhomme de la chambre du Roy et compositeur de la musique de la chambre de Sa Majesté, décédé rue de Grenelle, inhumé en nostre église. »　　　　　　(St-Eustache.)

ROY (Louis-Constantin). « Le dit jour 25 octobre 1657. Convoy et enterrement de Louys-Constantin Roy, des violons du Roy, pris sur les fossés de Nesle, au Hâvre-de-Grâce. »　　　　　　(St-Sulpice.)

SACCHINI (Antoine-Marie-Gaspard). « Le dimanche 8 octobre 1786. Antoine-Marie-Gaspard Sacchini, âgé de 51 ans, pensionnaire du Roy, décédé d'hier, rue Richelieu, a été inhumé en notre église, en présence de Jean Rey, maître de musique de la chambre du Roy et pensionnaire de S. M... »　　　　　　(St-Eustache.)

SENALLIÉ (Jean-Baptiste). « Mercredy 18e d'octobre 1730. Jean-Baptiste Senallié, ordinaire de la musique de la chambre du Roy, décédé le 12e jour du présent mois, rue du Petit-Pont, de cette paroisse, à l'enseigne de la Teste-Noire, âgé d'environ 40 ans, a esté inhumé dans le cimetière de cette église.... »　　　　　　(St-Séverin.)

THERY (Pierre). « Le 16e jour (septembre 1665). Convoy, service et enterrement de Pierre Thery, facteur d'orgues, pris rue de Leschauday. »　　　　　　(St-Sulpice.)

VALLÉE (Jacques). « Le 30e jour (août 1686) Convoy et enterrement de Jacques Vallée, musicien du Roy, pris rue du Four, chez M. Le Febure, me chappellier. »　　　　　　(St-Sulpice.)

COMÉDIENS

ARNOULD (Sophie). « Du 1er j. du mois de brumaire, l'an XI de la République française. Acte de décès de Magdeleine-Sophie Arnould, décédée le jour d'hier, à 4 h. du soir, pensionnaire de l'État, âgée de 62 ans, née à Paris (Seine), y demeurant, rue de l'Oratoire, no 136, division des Gardes-Françaises, non mariée. Sur la déclaration à moi faite par le citoyen Jules-Marie Arnould, demeurant rue Française, no 7, homme de loi, qui a dit être frère de la défunte, et par le citoyen Jean-Louis Pigalle, demeurant à Paris, dite rue, no 54, menuisier, qui a dit être voisin de la défunte. Et ont signé avec le cien Sédillot, officier de santé qui a constaté le décès.... Arnould, Pigalle, Sédillot. Constaté par moi, Jn-Bte-Pierre Bevière, maire du IVe arrondissement. »   (Reg. du IVe arrondt.)

BARONCINI (Fulvio). « Le lundy 10e febvrier 1659. Convoy de 30, s. c., de feu Fulvio Baroncini, comédien italien dans la troupe italienne de Sa Majesté, pris devant le Petit-Bourbon. Reçu 40 liv. »
                    (St-Germ.-l'Aux.)

BAUVAL (Jean). « Le vendredy 31e octobre 1670. Convoy de 6 de François, fils de Jean Pitel, dict Bauval, comédien ordinaire du Roy, pris rue du Chantre, au Louys-d'Or. Reçu 6 liv. »   (St-Germ.-l'Aux.)

BEDEAU (Julien). « Le samedy 27e mars 1660. Convoy de 16 de messe de Julien Bedeau, comédien du Roy, pris rue des Poulies. Reçu 18 liv. 12 s. »   (St-Germ.-l'Aux.)

BENDINELLI (Hyacinthe). « Le vendredy 16e mars 1668. Convoy de 20 de messe du sieur Hiacinte Bendinelli, dict Valerio, l'un des comédiens de Sa Majesté, de la trouppe italienne, pris rue St-Nicaise. Offerte 4 liv. 10 s. Reçu 28 liv. pour moy seul. »   (St-Germ.-l'Aux.)

BRUNET (Anne). « xxiiie nobre (novembre) 1597 a esté baptizé Remond, filz de noble homme Anne Brunet, balladin du Roy, et de Fremine Ledouard, sa femme. Les parins noble homme Remond du Plentadis et Gervais Dantrier, varlet de chambre de Monsr de Gondy; la mar. Richarde Pierre, femme de Mr Darre. »   (St-Sulpice.)

CHAUNOUVEAU (Louis). « Le jeudy 27e jour (décembre 1618), le convoy de prestre et clerc de Louis Chaunouveau, comédian du Roy, pris rue des Lavandières. »   (St-Germ.-l'Aux.)

CORIER (Bernardin). « Le lundy 27e mars 1662. Convoy et dernière messe de 6 et 4 de Bernardin Corier, cy-devant comédien, pris devant le Palais-Royal, porté aux Carmes de la place Maubert. Offerte 55 s. Reçu 20 liv. J'ai payé l'œuvre et le fosseyr. »   (St-Germ.-l'Aux.)

DESJAZET (Pauline-Virginie). « Du 15 fructidor an VI de la République française une et indivisible. Acte de naissance de Pauline-Virginie, du sexe féminin, née le jour d'avant-hier (13 fructidor an VI, 19 août 1798), à 4 h. du matin, rue St-André-des-Arcs, no 115, division du Théâtre-Français, fille de Jean Déjazet, tailleur, âgé de 53 ans, natif de Villefranche, département de Rhône-et-Loire, et de Charlotte-Aldegonde Leconte, âgée de 40 ans, native de Boyon, département du Pas-de-Calais, mariés à Paris, paroisse cy-devant Joseph, en 1777. Le père a signé. »   (Reg. du VI arrondt.)

FIORILLI (Tiberio), dit SCARAMOUCHE. « Du dit j. mercredy huictiesme décembre 1694, deffunct honorable homme Tiberio Fiorilly, officier du Roy, cy-devant en sa troupe des commédiens italiens, demeurant rue Tictone, décédé du mardy septiesme du présent mois, a esté inhumé dans nostre église.... Silvio Fiorilli, Marc-Antoine Romagnésy. »   (St-Eustache.)

GAVAUDAN (Jeanne-Anne-Marie). 16 juin 1810. Décès de Jeanne-Anne-Marie Gavaudan, ancienne actrice.   (Reg. du 1er arrondt.)

LUCATELLI (Dominique). « Le lundy 27ᵉ avril 1671. Convoy de 20 de messe de Dominique Loucatelly, comédien italien, pris rue St-Honoré et porté en l'église des Augustins du grand couvent. Offerte 3 liv. 10 s. »   (St-Germ.-l'Aux.)

MARCOUREAU DE BRÉCOURT (Guillaume). « Le 29ᵉ jour du mois de mars 1685 a esté faict le convoy et enterrement de Guillaume Marcoureau, comédien de la troupe du Roy, qui avait renoncé à la comédie par acte dont coppie est cy-dessous, aagé de 48 ans, mort le 28ᵉ de mars de la présente année, rue de Seine, aux Trois-Poissons. Et ont assisté aud. enterrement François Duperrier, son neveu, et André Hubert et autres amys. »

« En présence de M. Claude Bottu de la Barondière, prestre,
« docteur en théologie de la maison de Sorbonne, curé de l'église et
« paroisse St-Sulpice, à Paris, et des témoins aprez nommez,
« Guillaume Marcoureau de Brécourt a reconnu qu'ayant cy-devant
« fait la profession de comédien, il y renonce entièrement et promet
« d'un cœur véritable et sincère de ne le plus exercer ni monter sur
« le théâtre, quoiqu'il revint dans une pleine et entière santé Fait à
« Paris, dans la maison d'habitation dud. sieur Marcoureau de
« Brécourt.... le 15ᵉ jour du mois de mars 1685. » En marge :
« Guillaume Marcoureau, dit Brécourt. »   (St-Sulpice.)

MOLIÈRE et sa famille. « Du samedy 15ᵉ janvier 1622 fut baptisé Jean, fils de Jean Pouquelin, marchant tapissier, et de Marie Cresé, sa femme, demeurant rue St-Honoré. Le parin Jean Pouquelin, porteur de grains; la marine Denise Lescacheux, veuve de feu Sébastian Asselin, vivant mᵉ tapissier. »   (St-Eustache.)

« Du dict jour (dimanche 10 août 1625) fut baptisée Marie, fille de Jean Pocquelin, marchand tapissier, et de Marie Cresé, sa femme, demeurant rue St-Honoré. Le parin Toussainct Ferrier, marchand de linge; la marine Marie Asselin, femme de Louis de Crecé, marchand tapissier. »   (St-Eustache.)

« Le 7ᵉ j. (novembre 1636), Marguerite, fille de Jean Poquelin, natifve de St-Eustache, estant à nourrice sur les fossés, est décédée et inhumée au cimetière Saint-Laurens, son convoy faict avec le chœur. » (St-Laurent.)

« Du lundy vingtiesme (février 1662). Jean-Baptiste Poquelin, fils de Jean Poquelin et de feue Marie Cresé, d'une part, et Armande-Gresinde Beiard, fille de feu Joseph Beiart et de Marie Hervé, d'autre part, tous deux de cette paroisse, vis-à-vis le Palais-Royal, fiancés et mariés tout ensemble, par permission de Mr de Comtes, doyen de Nostre-Dame et grand vicaire de Mgr le cardinal de Retz, archevesque de Paris. En présence dud. Jean Poquelin, père du marié, et de André Boudet, beau-frère du marié, et de lad. Marie Hervé, mère de la mariée, et Louis Beiard et Magdeleine Béjard, frère et sœur de lad. mariée, et d'autres, avec dispense de deux bans... J.-B. Poquelin, Armande-Gresinde Bejart, J. Poquelin, A. Boudet, Marie Hervé, Louys Bejard, Beiart. » (St-Germ.-l'Aux.)

« Du jeudy 28e febvrier 1664 fut bapt. Louis, fils de M. Jean-Baptiste Molière, valet de chambre du Roy, et Damlle Armande-Gresinde Beiart, sa femme, vis-à-vis le Palais-Royal. Le par. haut et puissant seigneur Mr Charles duc de Créquy, 1er gentilhomme de la chambre du Roy, ambassadeur à Rome, tenant pour Louis quatorzième, roy de France et de Navarre; la mar. dame Colombe Le Charron, épouse de Mr Cœsar de Choiseul, mareschal du Plessy, tenant pour Mme Henriette d'Angleterre, duchesse d'Orléans. L'enfant est né le 19e janvier audit an. » (St-Germ.-l'Aux.)

« Le mardy 11e novembre 1664, convoy de 6 de Louys, fils de Jean-Baptiste Molière, comédien de Son Altesse Royale, pris rue St-Thomas. Reçu pour moy seul 8 liv. » (St-Germ.-l'Aux.)

« Le 10.... (1670), le corps de Madame Beiart a esté apporté de St-Germain-de-l'Auxerrois et inhumé dans les charniers de l'église St-Paul le mesme jour. » (St-Paul.)

« Du samedy 1er octobre 1672 fut bapt. Pierre-Jean-Baptiste Armand, né du jeudy 15e du mois passé, fils de Jn-Bte Poquelin Molière, valet de chambre et tapissier du Roy, et d'Armande-Claire-Élisabeth Beiart, sa femme, demeurant rue de Richelieu. Le par. Messire Pierre Boileau, conseiller du Roy en ses conseils, intendant et controleur général de l'argenterie et des menus plaisirs et affaires de la chambre de Sa Majesté ; la mar. Catherine-Margueritte Mignard, fille de Pierre Mignard, peintre du Roy.... J.-B. Poquelin Molière, Boileau, Catherine Mignard. »   (St-Germ.-l'Aux.)

« Le mardy vingt-uniesme (février 1673), deffunct Jean-Baptiste Poquelin de Molière, tapissier, vallet de chambre ordinaire du Roy, demeurant rue de Richelieu, proche l'Académie des pintres, décédé le dix-septiesme du présent mois, a esté inhumé dans le cimetière de Sainct-Joseph. »   (St-Eustache.)

« Le jeudy 18e février 1672. Convoy général, vespre de demoiselle Marie-Magdelaine Beiart, comédienne de la troupe du Roy, prise dans la place du Palais-Royal, portée le landemain 19e, par permission de Monseigneur l'archevesque, en l'église de St-Paul, en carosse. Reçu.... »   (St-Germ.-l'Aux.)

« Le vendredy 19e février 1672. Le corps de feüe damoiselle Marie-Magdelaine Bejart, comédienne de la troupe du Roy, prise hier dans la place du Palais-Royal et portée en convoy en cette église, par permission de Monseigneur l'archevesque, a esté portée en carosse en l'église St-Paul. »   (St-Germ.-l'Aux.)

Le mot « en convoy » a été ajouté en marge du registre, dans l'écriture du temps.

« Le 17 février 1672, demoiselle Magdeleinne Béiart est décédée paroisse St-Germain-de-Lauxerrois, de laquelle le corps a esté aporté à l'église St-Paul et ensuitte inhumé soubs les charniers de la dicte églize le 19 du dict moys..... Bejard, L'Éguizé, J.-B.-P. Molière. »   (St-Paul.)

« Le lundy 31e j. de may 1677, après les fiançailles faites le j. précédent, je, soussigné, curé de la parr. de la Ste-Chapelle de Paris, ay, en l'église de la basse Ste-Chapelle, interrogé M. Isaac-François Guerin, officier du Roy, fils de feu Charles Guerin et de Françoise de Bradam, ses père et mère, d'une part ; et Gresinde Bejard, fille de feu Joseph Bejard et de Marie Hervé, ses père et mère deffuncts, et veufve de Jean Pocquelin, officier du Roy, tous deux de cette paroisse.... et les ay solennellement, par paroles de présent, conjoints en mariage.... Le tout en présence de parens et amis soussignez, asscavoir de Mr Jn-Bte Aubry, l'un des entrepreneurs des parcs de Paris, beau-frère de l'espouzée ; de M. Jacques Bourdelot, consr du Roy, commissaire au Chastelet de Paris.... »   (Ste-Chapelle.)

« Le second jour de décembre 1700 a été fait le convoy, service et enterrement de damoiselle Armande-Grezinde-Claire-Élisabeth Bejart, femme de Mr François-Isaac Guerin, officier du Roy, aagée de cinquante-cinq ans, décédée le dernier jour de novembre de la présente année, dans sa maison, rue de Touraine. Et ont assisté aud. convoy, service et enterrement Nicolas Guerin, fils de lad. deffuncte; François Mignot, neveu de lad. deffuncte, et Mr Jacques Raisin officier du Roy et ami de lad. deffuncte, qui ont signé. » (St-Sulpice.)

TALMA. « Ledit jour 15e (janvier 1763) a été bapt. François-Joseph, né aujourd'huy, fils de Michel-François-Joseph Talma, valet de chambre, et d'Anne Mignolet, son épouse, demeurants rue des Menestriers. Le parrein Philippe-Joseph Talma, cuisinier, oncle de l'enfant, demeurant rue de Clichy, paroisse de Montmartre; la marreine Marie-Thérèse Mignolet, fille majeure, tante de l'enfant, demeurante rue Porte-Foin, lesquels ont signé. » (St-Nicolas-des-Champs.)

TABLE DES NOMS PROPRES

Aiguillon (Duchesse d'), page 10.
Angleterre (Henriette d'), 19.
Arnould, 16.
Asselin, 18.
Assolin, 7.
Aubineau, 7.
Aubry, 20.
Balard, 7.
Balifre, 7, 8.
Bany, 8.
Barre (De la), 9.
Baroncini, 16.
Batton, 10.
Bauval, 16.
Bedeau, 16.
Bejard, 19, 20, 21.
Bendinelli, 16.
Benoît, 11.
Bevière, 16.
Blondel, 8.
Boileau, 19, 20.
Bordier, 8.
Bottu de la Barondière, 18.
Boucher, 8.
Boudet, 19.
Bourdelot, 20.
Bourdin, 8.
Boyer, 8.
Bradam, 20.
Brécourt, 18.
Brouard, 9.
Brunet, 17.
Carouge, 10, 11, 12.
Chabanceau, 9.
Charron (Le), 19.
Chasselat, 10.
Chatillon, 9.
Chaudet, 9.
Chaunouveau, 17.
Chaussy, 9.
Chéron, 9.
Chérubini, 9.
Cherrier, 14.
Chrestien, 10.
Choiseul, 19.
Clairambault, 10.

Coignet, 10.
Colin, 10.
Comtes (De), 19.
Conigue, 8.
Conti (Prince de), 8.
Constantin, 13.
Corier, 17.
Créquy (Duc de), 19.
Crésé, 18, 19.
Dannistre, 10.
Dantrier, 17.
Darre, 17.
Datte, 8.
Desbois, 10.
Descouvernont, 9.
Desjazet, 17.
Deslion, 10.
Duflos, 10.
Duperrier, 18.
Drouin, 10.
Eguizé (L'), 20.
Estienne, 10, 11.
Faure, 7.
Fer (Le), 8.
Fiorilli, 17.
Flamant, 10.
Fortin, 8.
Fouenier, 10.
Gabillart, 11.
Gavaudan, 17.
Gondy (De), 17.
Govard, 14.
Grimprel, 11.
Guibert, 7.
Halevy, 10.
Hansy (De), 14.
Henriette d'Angleterre, 19.
Henry, 14.
Herardin, 8.
Hervé, 19.
Hilaire d'Olivet, 7.
Hubert, 18.
Hudot, 11.
Kempe, 9.
La Borde, 11.
La Londe, 11.

Le Begue, 12.
Le Bret, 12.
Le Breton, 12.
Leconte, 7.
Ledouard, 17.
Leduc, 12.
Lefebure, 14, 15.
Lemonnier, 7.
Lescacheux, 18.
Longchamps, 12.
Leroy, 14.
Louis XIV, 19.
Lucatelli, 18.
Lully, 12, 13.
Maingot, 13.
Marchand, 14.
Marcoureau de Brécourt, 18.
Marguerite (La reine), 14.
Martin, 13.
Maugras, 12.
Mignard, 20.
Mignolet, 21.
Mignot, 21.
Molière, 18, 19, 20.
Monginot, 14.
Naujot, 8.
Nivers, 12.
Obterre, 13.
Olive, 13.
Olivet (Hilaire d'), 13.
Orléans (Duchesse d'), 19.
Plentadis, 17.
Pescheur ou Pescheux (Le), 13, 14.
Petitjean, 14.
Philidor, 14.
Pierre, 17.
Pigalle, 16.
Piget, 7.
Pitel, 16.
Poesleau, 14.
Pont (Du), 8.
Poquelin, 18, 19, 20.
Pothenot, 14.
Poupusse, 14.
Raisin, 21.
Rebel, 11, 12.
Regnault, 14.
Regnier, 11.
Retz (Cardinal de), 19.
Rey, 15.
Rhiel, 14, 15.
Richard, 15.
Robbe, 11.
Romagnésy, 17.
Rovonnet, 8.
Roy, 15.
Sacchini, 15.
Scaramouche, 17.
Sédillot, 16.
Sellier, 9.
Senaillée, 15.
Talma, 21.
Théry, 15.
Tourette, 10.
Valerio, 16.
Vallée, 15.
Verdier, 7.
Viel (Le), 14.
Vivonne (De), 8.

Orléans, imp. de G. JACOB, cloître Saint-Étienne, 4.

www.ingramcontent.com/pod-product-compliance
Lightning Source LLC
Chambersburg PA
CBHW061612050726
47595CB00007B/2919